呀！原来是这样 科普丛书

赏国宝听故事

四季科普编委会 编

中原出版传媒集团
中原传媒股份公司
河南电子音像出版社
·郑州·

图书在版编目（CIP）数据

赏国宝听故事 / 四季科普编委会编 . -- 郑州：河南电子音像出版社，2025. 6. --（呀！原来是这样）.
ISBN 978-7-83009-523-9

Ⅰ . K87-49

中国国家版本馆 CIP 数据核字第 2025MD8086 号

赏国宝听故事
四季科普编委会　编

出 版 人：张　煜
策划编辑：贾永权
责任编辑：荆晓培
责任校对：马　玉
装帧设计：吕　冉　四季中天
出版发行：河南电子音像出版社
地　　址：郑州市郑东新区祥盛街 27 号
邮政编码：450016
电　　话：0371-53610176
网　　址：www.hndzyx.com
经　　销：河南省新华书店
印　　刷：环球东方（北京）印务有限公司
开　　本：787 mm×960 mm　　1/16
印　　张：6.25
字　　数：62.5 千字
版　　次：2025 年 6 月第 1 版
印　　次：2025 年 6 月第 1 次印刷
定　　价：38.00 元

版权所有，侵权必究。
若发现印装质量问题，请与印刷厂联系调换。
印厂地址：北京市丰台区南四环西路 188 号五区 7 号楼
邮政编码：100070　　　电话：010-63706888

目 录

龟甲兽骨上的商王朝秘密 / 1

庞大的古代打击乐器 / 6

清代大典专用的纯金编钟 / 13

乾隆皇帝心爱的三幅字帖 / 19

用金丝和玉片制成的皇家寿衣 / 24

薄如蝉翼的丝绸衣服 / 29

不会生锈的"天下第一剑" / 34

两千年前的环保宫灯 / 41

明代皇后的凤冠 / 47

为纪念母亲而铸造的青铜鼎 / 54

守卫女将军的两只老虎 / 60

国宝铜盘竟被当作喂马槽 / 64

六匹骏马的石刻 / 71

这五头牛可不简单啊 / 78

奇怪的青铜树 / 85

速度比飞鸟还快的铜奔马 / 91

龟甲兽骨上的商王朝秘密

小朋友，你们知道什么是"龙骨"吗？"龙骨"可不是龙的骨头，而是古代某些哺乳动物的骨骼化石哟！经过几千年的岁月变迁，这些化石被深埋在地底。直到有一天，有人偶然在"龙骨"上发现了中国最早的成熟文字——甲骨文，而这些甲骨文里，竟然隐藏着关于殷商王朝的天大秘密。

是谁发现的甲骨文

故事发生在清代末年的河南安阳小屯村。当时,村民在田间耕作,经常会从地里刨出些骨片。

这些骨片大多数上面刻着怪异的符号,但村民并未在意,只是把骨片当作能够治病的中药材"龙骨"来使用。

验药发现一个大秘密

1899年的一天,家住北京的金石学家王懿荣先生,请一位老中医来为他看病。老中医诊脉后照常开具了药方,家人拿着药方去达仁堂抓了药。回来后,王先生像往常一样,一味一味地验药。突然,他惊讶地发现有的"龙骨"碎片上面竟刻有符号,虽然已模糊不清,但他仍敏锐地意识到,这些骨头上的符号可能是古人所刻。可惜这些"龙骨"皆是碎片,看不清符号之间的关系。于是,他匆匆来到达仁堂药店,向老板详细打听"龙骨"的来历。原来这些

"龙骨"是从山东潍县（今潍坊市）范潍卿手里买进的，过几天范潍卿还要来送"龙骨"。王懿荣先生请药店老板收到"龙骨"后不要砸碎，让他看过再说。药店老板答应了此事。

几天后，范潍卿送来12片"龙骨"，药店老板请王懿荣前来查看。王懿荣经过仔细辨认，认为这些刻在龟背牛骨上的符号很可能是远古文字。于是，他欣然买下这12片"龙骨"，并嘱托范潍卿回去后再找一些来，同时派人去安阳进行搜寻。就这样，王懿荣陆续收集了1500多片"龙骨"。

后来，在罗振玉、王国维等学者的研究推动下，人们终于搞清楚，这些"龙骨"是殷商王室和贵族的占卜工具，甲骨上所刻符号是记录的占卜原因和结果。

1928年，蔡元培先生聘请留美博士李济等人对殷墟进行多次考古发掘。大量珍贵文物的出土，证实了殷商王朝的存在。

什么是甲骨文

殷商时期，奴隶主贵族每逢决定国家大事之前，都要举行敬神占卜仪式。他们手里拿着甲骨，把自己想要问的事情告诉神，然后用火灼烧甲骨。等甲骨被烧出裂纹后，再根据裂纹的长短、粗细、曲直等特征来判断事情的吉凶祸福，最后把占卜的原因和结果一起刻在甲骨上，这就形成了甲骨文。

甲骨文堪称中国汉字的鼻祖，也是中国目前可见的最古老的成熟文字。文字的诞生，是一个民族进入"文明"阶段的重要标志。甲骨文记录了殷商时期的政治、军事、文化、社会生活等方面的内容，是我们了解殷商时期的最好史料。

为什么小屯村会有甲骨呢

清代末年，小屯村只是河南一座普通的小村庄。然而回溯至商代晚期，这里却是商朝迁都之后的都城所在地，是商王处理政务和生活起居的地方，所以记录商王朝活动的甲骨文才会在这里被发现。

在甲骨文被发现之前，商王朝仅仅见于传说，西方学者认为这是神话中虚构的王朝；甲骨文发现之后，人们才确定商王朝是一个真实存在的王朝，这都是甲骨文的功劳哟！

庞大的古代打击乐器

小朋友，你喜欢哪种乐器？1978年，湖北随州的一座战国古墓中出土了一套大型打击乐器。这套乐器由65件铜钟组成，要是摆放开来，可以占满一整个现代音乐厅的舞台。它奇怪的样子与常见的现代乐器一点儿也不同，然而却能在几个人的敲击下演奏出美妙的乐曲。这是什么乐器呢？真是太奇妙了！

悬挂的青铜编钟也是乐器

这套奇妙的乐器，就是在曾侯乙墓中发现的那套大型青铜编钟！

编钟，是古代宫廷里特有的一种打击乐器，形状和质地都比较特殊。它是只有天子、诸侯等贵族才能享用的礼仪乐器，是等级和权力的象征。通常在朝见、宴乐或者祭祀时被奏响。

这套青铜编钟按照音调高低次序排列，挂在一个大架子上。演奏时，用丁字形的木槌和长长的木棒敲打铜钟，可以使它们发出声音。因为每个铜钟的音调不同，按照乐谱敲打，就可以演奏出美妙的乐曲。

曾侯乙编钟长什么样

曾侯乙编钟，是我国迄今发现的保存最好、音律最全、音域最广、气势最宏伟的编钟，被誉为"编钟之王"。

全套编钟共65件，总重2500多千克，分三层八组悬挂于钟架之上。其中,上层是19件钮钟,中层和下层是45件甬钟,甬钟又分无枚、短枚、长枚三式。编钟大小差异显著,最大钟通高152.3厘米,重203.6千克;最小钟通高20.4厘米,重2.4千克。

数学好的小朋友一定会问:"咦,怎么少算了一个?"对,是少算了一个!还有一个是楚惠王赠送的镈钟,挂在下层显眼的位置。

钟架是铜木结构,分三层,中下两层每层都有3个英俊的佩剑武士形铜柱,它们支撑着横梁,威

武又神气。横梁是木质的，外面涂了一层亮闪闪的漆，漆上彩绘着美丽的花纹。整套编钟气势恢宏、工艺精湛。

古老的乐器还能演奏吗

曾侯乙编钟埋在地下很多年，小朋友们是不是以为它已经不能用了呢？告诉你们哦，这套编钟现在已经被修复了，挂起来仍然可以演奏出美妙的乐曲呢！

可能你们又要问："现代人不知道古代是怎么演奏编钟的，怎么办呢？"不要着急，每个钟上都刻着铭文，详细介绍了古代的音律知识和编钟的演奏方式，标明了各钟的发音音调。因此，按照乐谱敲响相应音调的钟，就可以演奏乐曲

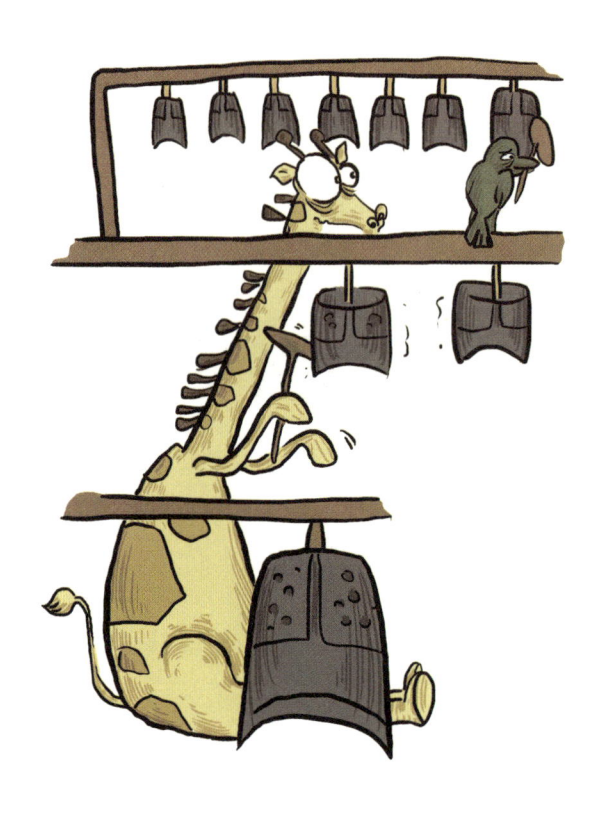

了。编钟中的每个钟都可以发出两个不同的乐音，只要准确地敲击钟上标音的位置，就能发出相应的乐音。

不过，这么大的一套乐器，可不是一个人就能演奏的！编钟出土时，钟架旁还有六个丁字形彩绘木槌，这些是用于敲响中小型编钟的工具。同时，还有两根彩绘长棒，是专门用来撞击大型编钟的工具。从这些工具，我们可以推断出编钟应该由五个人同时演奏，其中，三个人各用两根木槌敲击上、中两层的三个钟组，另外两个人一人一根长棒来撞下边的大钟，只有相互配合才能完成。

曾侯乙是谁

1978年，在湖北随州，考古学家发现一座古墓，面积约220平方米。墓室内分为东室、西室、北室和中室。

东室中有一副主棺，外棺是青铜框架，内棺有彩绘的窗格及神兽武士。陪葬的棺材东室有8具，西室有13具。北室有兵器、车马器和竹简等陪葬品。中室陈放大量青铜乐器，从甬钟上的"曾侯乙乍时（作持）"字样，我们可以知道墓主人是曾侯乙。"曾侯"表明墓主是曾国的国君，"乙"是他的名字。

墓中共出土文物15000余件，除了"世界奇观中独一无二的珍宝"编钟之外，还有书写着二十八星宿名称的漆木衣箱和带盖的金盏等。

猜猜看

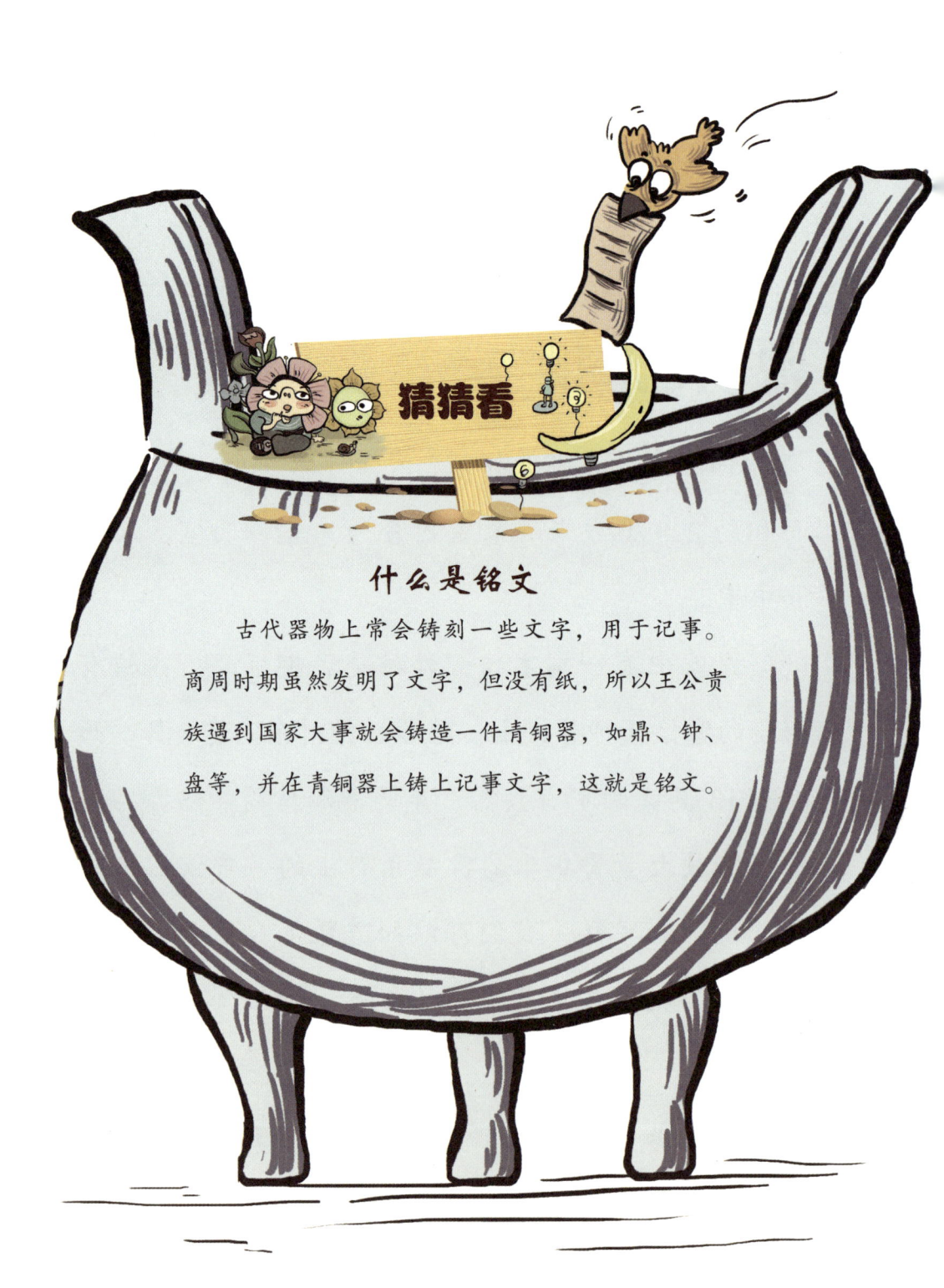

什么是铭文

古代器物上常会铸刻一些文字,用于记事。商周时期虽然发明了文字,但没有纸,所以王公贵族遇到国家大事就会铸造一件青铜器,如鼎、钟、盘等,并在青铜器上铸上记事文字,这就是铭文。

清代大典专用的 纯金编钟

曾侯乙编钟是世界上规模最大的青铜编钟。它气势宏大，奏出的乐曲美妙绝伦，令世界为之惊叹！但是，你们可知道，故宫博物院还珍藏了一套清代金编钟，它同样是世上少有的珍奇乐器。关于这套金编钟，还流传着许多引人入胜的故事。小朋友，想听听吗？

奢华的纯金编钟

传说，乾隆皇帝80岁寿辰时，大小官员聚敛大量黄金，由宫廷匠人精心设计、铸造了一套黄金编钟，作为"万寿节"贺礼，用以感激"皇恩"，炫耀盛世豪富。

这套金编钟一共有16件，虽然没有曾侯乙编钟那么大的规模，但以小巧精致取胜。

造型独特的金编钟

这套金编钟的造型非常漂亮，金钟的外形大小基本相似，高23.8厘米，中间部位向外鼓起，造型庄重又典雅。每件金钟前面都刻着"乾隆五十五年造"字样。金钟上的花纹分成三个部分，各部分由一条飘带纹隔开。最上边是云纹，中间是游龙戏珠、龙游四海纹饰，在花纹中间刻有音阶名，标明了金钟的音阶，有12个正律和4个倍律（低音）。12个正律从低到高依次为：黄钟、大吕、太簇、夹钟、姑洗（xiǎn）、仲吕、蕤（ruí）宾、林钟、夷则、南吕、无射（yì）、应钟。4个倍律从低到高依次为：倍夷则、倍南吕、倍无射、倍应钟。最下边是8个供演奏时打击的圆形音乳，在两个音乳之间还有上下对称的云纹装饰。

编钟的架子顶端是两条缠绕在一起的龙，龙头分别在架子的两端，龙身形成穿系丝绳的孔，整体造型非常有装饰感。钟体上的龙、云等皇家纹饰，更显出了它的华贵不凡。

金编钟能奏出音乐吗

中国古代大多数编钟，是通过钟体大小来调节音阶的。看到此处，小朋友一定会问："这套金编钟不是一般大吗？怎么能发出16个不同的音呢？"哈哈，这就是金编钟的奇特之处！金编钟通过钟壁厚薄的程度来调节声音的高低，同样大小的金编钟，钟体越薄发音越低。这套用黄金铸造并能打击出不同音调的精美乐器，真是世间罕有。

金编钟的漂泊

这套金编钟原置于太庙中，遇有宴会、祭祀大典才拿出来配合玉磬（qìng）奏乐。

1922年，溥仪举行婚礼时，是金编钟最后一次在宫中盛典上敲响。

之后，溥仪的岳父将金编钟以40万银圆的价格抵押给北京的盐业银行。盐业银行则将金编钟转移到一处不为外人所知的银行仓库，密藏起来。当时各路军阀、大小政客都对金编钟垂涎三尺。

东北三省被日本人占领后，盐业银行将金编钟及其他故宫珍宝，转移到盐业银行天津分行地下库房。1937年7月，日本占领天津，日本领事馆开始四处寻找金编钟。护宝人陈亦侯、胡仲文英勇机智，提前转移了金编钟，使得金编钟在危难中逃过一劫。1945年和1946年，时任国民政府军统副局长的戴笠两次到天津，搜查金编钟，后因戴笠乘坐的飞机失事，金编钟又幸运地躲过了一劫。

1949年1月18日，胡仲文把保管的故宫珍宝的清单，交到天津市军事管制委员会的金融管理处。在这份清单上，金编钟列在首页，上面详细记载着每件钟的重量和名称。据悉当年被卖出皇宫的珍宝共4000多件，其中有2000多件或遗失，或被倒卖出国。1954年，金编钟在故宫博物院珍宝馆向公众展出。

猜猜看

什么是音阶

音阶是以全音、半音及其他音程顺次排列的一串音，也可以理解为乐器的发音如同声音的阶梯一样上升或下降。

现在一般使用 do、re、mi 或 la、si、do 的大小调等音阶，是国际标准的十二音阶制。中国古代使用"五声音阶"，专用名称是：宫、商、角、徵（zhǐ）、羽。

乾隆皇帝心爱的三幅字帖

乾隆皇帝的爱好广泛而多样，他对许多事物都抱有浓厚的兴趣！现在，让我们一起去故宫博物院，看一看他心爱的三幅字帖吧！到底是什么样的字帖让乾隆皇帝爱不释手呢？为什么其中一幅他珍爱的字帖会与其他两幅分隔两地？这背后隐藏着怎样的故事呢？

乾隆最喜欢的三幅字帖

在故宫博物院养心殿内西侧，有一个不足10平方米的小暖阁，门上面的匾额"三希堂"是乾隆皇帝亲自题写的。

这里曾经珍藏着乾隆皇帝心爱的晋代三大墨宝——《快雪时晴帖》《中秋帖》和《伯远帖》，它们被世人称为"三希帖"。乾隆皇帝平时在养心殿处理国家公务，休息时就走到"三希堂"赏玩这三幅字帖。由此可见，乾隆皇帝对晋代这三大墨宝钟爱有加。

"三希帖"到底是什么

《快雪时晴帖》的作者是大名鼎鼎、素有"书圣"之称的王羲之，其墨宝《兰亭序》名甲天下，传说这幅《快雪时晴帖》是仅次于《兰亭序》的精品。

《中秋帖》相传是王羲之的儿子王献之所书。

这幅字帖被人们称为"一笔书",整幅作品笔势连贯、行云流水,笔画遒劲有力,宛如一条展身游动的龙,气势非凡,令人叹为观止!

《伯远帖》的作者是王羲之的侄子王珣。此帖通篇气势连贯,笔画间牵丝映带清晰,露锋起笔、棱角分明,尽显率真之气。

谁动了"三希帖"

清朝灭亡后,末代皇帝溥仪仍住在故宫。1924年,冯玉祥带兵将溥仪"请出"故宫。传说溥仪出宫时,把皇室世代珍藏的《快雪时晴帖》带在身上,被士兵查出后只得留下。当时,"三希帖"中的另两件也不知去向!

《快雪时晴帖》虽然没有被溥仪带走,但也没有逃过流浪的命运。在日本侵略者准备南侵之时,民国政府组织人把包括《快雪时晴帖》在内的2118箱清宫文物装箱,并搬上火车运到南京。不久,这幅字帖和80箱珍贵的文物又被转运到汉口。接下来,为躲避战火，这批文物像流浪的孩子一样辗转了近半个中国，着实历经了诸多波折。

1949年，国民党军队败退到台湾，《快雪时晴帖》和大量故宫文物被分批运到台湾。"三希帖"中奇异失踪的两件，对于它们的去向，有这样的说法：它们被皇贵妃敬懿偷偷藏了起来，出宫后带回娘家，之后卖给后门桥一家小古玩店"品古斋"，此后被古董收藏者郭世五买下。

漫漫归途

后来，《中秋帖》和《伯远帖》被郭世五的儿子郭昭俊带到海外，后出现在香港的古玩市场上。得知此消息后，周恩来总理指示，要不惜重金购回。就这样，离开故宫多年的《中秋帖》和《伯远帖》才终于回到了"三希堂"。

现在"三希堂"的布置依然与乾隆年间一样，从室内精致的装饰可以看出，乾隆皇帝是多么喜欢这个不足10平方米的小暖阁。但令人遗憾的是，"三希堂"中最重要的"三希帖"如今却只剩两帖。不知道在台北的《快雪时晴帖》会不会想家呢？

王羲之手书的《兰亭序》还在吗

王羲之的《兰亭序》被誉为中国书法第一帖。但遗憾的是我们再也看不到王羲之手书的真迹了，现在看到的，要么是从石碑上拓下来的拓本，要么是历代书法家的摹本。

有这样一个传说，唐太宗李世民十分喜欢王羲之手书的《兰亭序》，他想尽办法把它占为己有。临终之际，唐太宗命人把《兰亭序》同自己一起下葬。但唐昭陵中到底有没有这张书帖，至今仍是一个谜！

用金丝和玉片制成的皇家寿衣

小朋友，你们可曾见过用金丝和玉片制作的衣服？1968年，一次施工意外揭开了西汉中山靖王刘胜陵墓的神秘面纱，从而解开了一个千古之谜。考古学家在挖掘陵墓时，发现了一件类似铠甲的东西，实际上，这是一件用金线连缀玉片而成的衣服。那么，为什么古人要穿玉石做的寿衣？这件衣服的主人又是谁？让我们一起去欣赏这件国宝——金缕玉衣，共同探索它的奥秘吧！

中山靖王刘胜的金缕玉衣

经过清理之后，考古学家发现这件用金丝连缀玉片的金缕玉衣，就是史书上记载的"金缕玉匣"。整套衣服很肥大，全长约188厘米，由2498块玉片、约1100克的金丝制成。它与我们平时见的衣服不同，并不是量体裁衣的，确切地说它更像一个把过世的中山靖王刘胜装在里面的"玉匣"。

玉匣头部分为脸盖和头罩两部分。脸盖大部分都是由长方形的小玉片组成，像一个完整面具，在比较大的玉片上刻出眼、鼻和嘴的形象，特别是鼻子，用五块长条瓦状玉片合拢而成。

玉匣的各部分是分离的，上衣分为前片、后片、左袖筒、右袖筒，裤子分为左裤筒和右裤筒。上衣的前片胸部宽大，腹部鼓起；后片的下端是个臀部的形状。手部呈握拳状，左右各握一璜形玉器。足部呈鞋的形状。

哇，还有一件女人的玉衣

在中山靖王刘胜墓的北面，考古学家又发现了另一座墓葬，经考证，墓主人是刘胜的妻子窦绾（wǎn）。在这座墓中，考古人员同样发现了一件玉衣。这件玉衣不仅以金线缝制玉片，还在玉片表面用麻布和丝线粘贴加固，其制作工艺独特，展现出当时高超的手工技艺。

为什么要用玉石做寿衣

在中国古代，"玉能寒尸"的说法广为流传。古人深信，以玉覆盖尸体，可保尸身不朽。同时，玉作为高贵礼器，向来是身份地位的象征。基于此，"玉衣"逐渐成为贵族专用的殓服。文献记载，汉代帝王下葬时使用的"珠襦玉匣"，外形酷似铠甲，以金丝连缀玉片而成，这便是大名鼎鼎的金缕玉衣。

玉衣的起源可追溯至东周时期的"缀玉面幕"，当时人们用玉片连缀成覆盖面部的物件，这成为玉衣的雏形。随着时间推移，到了汉代，玉衣制作工艺迎来鼎盛，形成了完整的制度与规范。为保障玉衣制作的精良与统一，汉代统治者甚至专门设立"东园"这一机构，集中工匠从事玉衣制作，将玉衣发展为彰显身份地位的重要殓服。

为什么编缀玉衣的线不一样呢

目前发掘出土的汉代玉衣中，穿玉片的线，除金线和丝线外，还有银线、铜线！知道这是为什么吗？这是因为使用者身份不同，所用的编缀材料也不同，汉代皇帝死后使用金缕玉衣，其他贵族等使用银缕玉衣或铜缕玉衣，这体现了古代森严的等级制度。

中山靖王刘胜是皇帝吗

小朋友，告诉你们哦，中山靖王刘胜可不是皇帝，而是汉武帝刘彻的庶兄，是个诸侯王。按规定诸侯王只能穿银缕玉衣入殓，那刘胜为什么能穿金缕玉衣呢？这个问题的答案我们就不知道了，或许皇帝与刘胜感情非常好，特意恩赐他的。

金缕玉衣虽然精美，可制作它却要耗费大量的人力物力。因此，到了三国时期，魏文帝曹丕就下令禁用玉衣作为殓服了。

金缕玉衣真的能让尸体不腐烂吗

呵呵，那当然是不可能的。人们发掘刘胜及窦绾墓时，虽然玉衣保存完整，可历经漫长岁月，刘胜和窦绾的皮肉和尸骨早已腐化。事实证明，玉衣并不像传说中那样能让尸体不腐烂。那些妄图"金身不败"的墓主人，早已化作历史的尘埃，仅留下一件件精美绝伦的玉衣，向今人讲述着一个已然破灭的神话。

薄如蝉翼的丝绸衣服

小朋友，你们一定还在回味金缕玉衣吧？现在要带你们去看的是另一件神奇的衣服。这件衣服薄如蝉翼，把它团团揉揉后握在手中，只有鸡蛋那么大；而把它叠整齐后，竟然可以放在一个火柴盒里呢！像这样精巧的衣服也许只有神仙才有吧？但令人惊奇的是，它竟是在一座西汉古墓中被发现的！

东方第一睡美人——辛追

1972年，在长沙市郊浏阳河边的马王堆发现一座汉墓，考古学家惊奇地发现，墓主是一位生活在2000多年前的女性。尽管历经千年的岁月，但她的尸体依然保存完好：她的外形完整，全身润泽，毛发尚存，指趾纹清晰，软组织尚有弹性，部分关节甚至还可以活动。通过查阅史料，考古学家确认她是汉代长沙国丞相轪（dài）侯利苍的妻子辛追。辛追的尸体保存得如此完好，令全世界为之惊叹，她也因此有了"东方第一睡美人"的美称。

为了继续妥善保存这具尸体，湖南省博物馆（现湖南博物院）特意依照马王堆汉墓的结构给她建了一座地下陵墓，希望这位"东方第一睡美人"的容颜能够继续保持下去。

渺若轻烟的"仙衣"

我国是丝绸的故乡，有着举世闻名的编织技艺。在马王堆汉墓中就出土了两件堪称奇迹的文物——薄如蝉翼的素纱单衣。这两件单衣一现世，便在考古界引起了极大的轰动。

这两件素纱单衣与其他几十件衣物一起放在一个竹箱中，因年深日久受潮，织物纤维已发生黏连，考古工作者费了很大工夫才把它们一一分开。

两件素纱单衣合在一起重量还不到100克。要知道，这可是2000多年前西汉时期生产的丝织品啊！

考古学家还对两件素纱单衣做了估算：如果它们还像以前那么柔韧的话，把衣服团起来，便可以握在手心里；折叠起来后，可以放进一个火柴盒中。小朋友，不要认为这两件素纱单衣是很小很小的衣服，这可是辛追夫人穿的外衣，相当宽大呢！

其中一件直裾式的素纱单衣分为上衣和下裳，是一件汉代常穿的宽袍大袖式的外裳。如果把那袖口和领口比较重的边缘去掉的话，这件衣服的重量也就约25克。大家可以想象一下，这么轻薄的纱衣，可不就是神仙穿的仙衣嘛！

尸体为什么会保存得这么完好

小朋友，辛追夫人那不腐的尸体，和她的两件素纱单衣，一定让爱动脑筋的你们惊讶得合不拢嘴！你们的小脑袋现在在想什么？我来猜一猜，是不是在想：经过2000多年了，怎么还能保存得这么好？真是奇迹！

原来，在挖掘马王堆汉墓时，人们发现墓室被一层厚厚的白细黏土所覆盖。很多保存完整的古代墓室都覆盖了一层这样的黏土，黏土有优良的密封作用，考古学家叫它"白膏泥"。在白膏泥层的下面，还填充了大量的木炭，木炭有优良的吸潮、除菌作用。白膏泥层和木炭层把整个墓室包裹起来，完全密封。墓室中没有空气流通，形成缺氧无菌的环境，正因如此，辛追夫人的尸体才能一直保持着下葬时的状态，两件素纱单衣也大体保存完好。

猜猜看

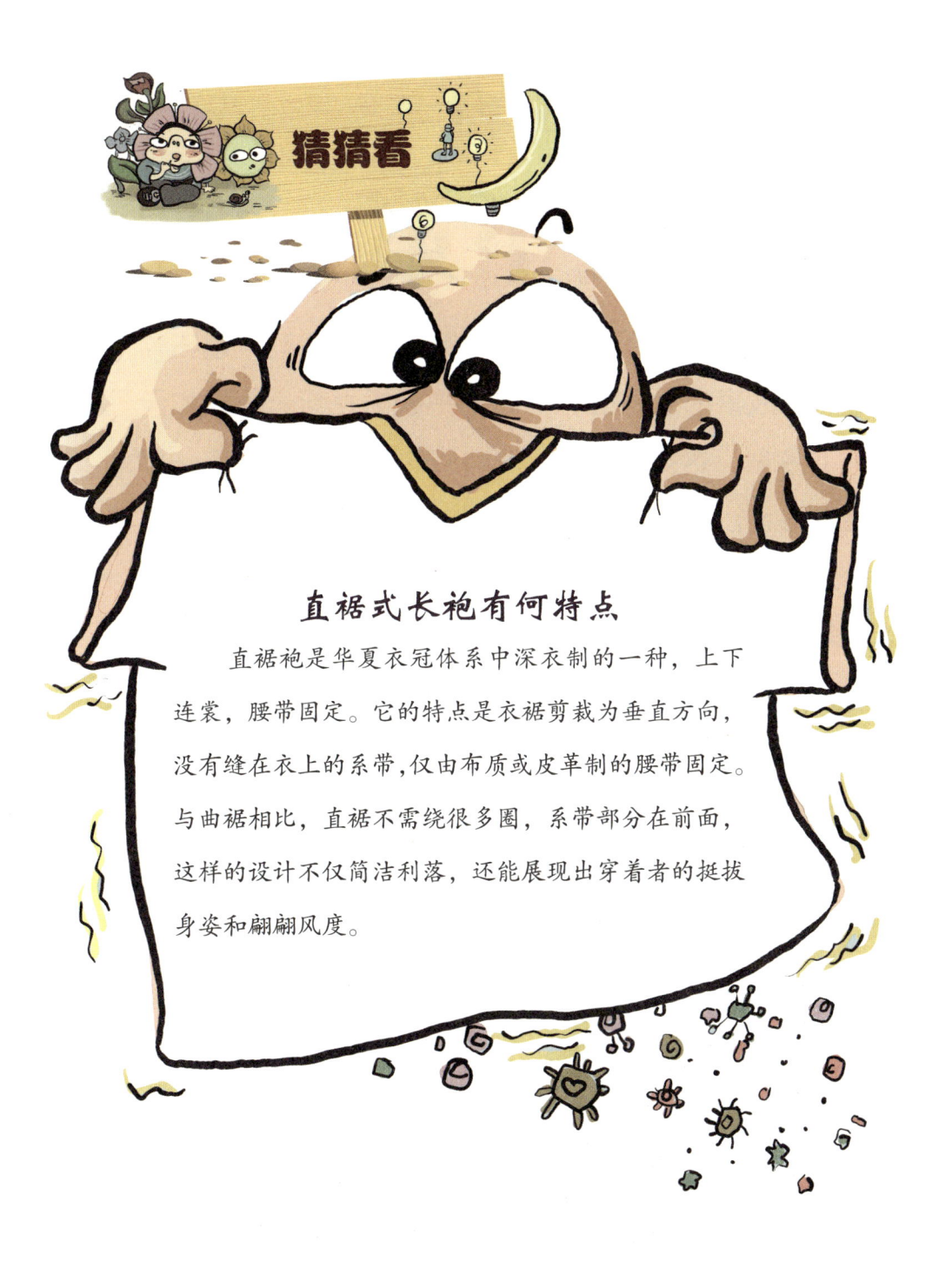

直裾式长袍有何特点

直裾袍是华夏衣冠体系中深衣制的一种，上下连裳，腰带固定。它的特点是衣裾剪裁为垂直方向，没有缝在衣上的系带，仅由布质或皮革制的腰带固定。与曲裾相比，直裾不需绕很多圈，系带部分在前面，这样的设计不仅简洁利落，还能展现出穿着者的挺拔身姿和翩翩风度。

不会生锈的"天下第一剑"

小朋友，你们听过"卧薪尝胆"的故事吗？越王勾践是这个故事的主人公，他有一把吹毛立断、削铁如泥的天下名剑。这把青铜宝剑于1965年从湖北江陵一座古墓中出土，虽然在墓中埋了2000多年，却没有生锈！更令人想不到的是，越王的宝剑不是在越王墓中找到的，这是怎么一回事呢？有"天下第一剑"之称的这把青铜宝剑，又有什么奇特之处呢？

天下第一剑——越王勾践剑

在古代战争中，刀、枪、剑、戟（jǐ）等兵器被人们俗称为"十八般兵器"。其中，宝剑尤为重要，不少将士在离世后，会选择将心爱的宝剑随葬，让其继续陪伴自己。

1965年12月，考古工作者在湖北江陵发现一座楚墓，从中发掘出一柄长55.7厘米的青铜剑，这一发现令世人大为震惊！

当这把剑被人们小心翼翼地从木质剑鞘中抽出来时，一股寒气扑面而来！在靠近剑柄的位置上有两行鸟篆体错金铭文"越王鸠浅，自作用剑"。经专家考证，鸠浅就是勾践。

既然是越王勾践的佩剑，一定有它非同寻常之处。据说有人在剑下放上20多张纸，拿起剑用力一挥，唰的一下，那么厚的纸瞬间就被划破啦！

这把剑剑首向外翻卷呈圆盘

形，内铸11道精细的同心圆，剑身布满神秘的黑色菱形花纹，剑格的正面和反面分别用蓝色琉璃和绿松石镶嵌成美丽的纹饰，整个造型显得高贵、典雅。更令人惊奇的是：这把剑在地下埋藏了2000多年，表面竟然没有锈迹，而像是新铸成的一样。

越王勾践剑为什么不生锈

后来，这把剑被放在囊盒中妥善保管。然而人们惊奇地发现，在现代优越的保存条件下，仅仅过了几十年，宝剑表面已不如出土时明亮了。这说明，这把剑之所以能够千年不锈，并非仅靠自身材质，墓穴中独特的保存条件也同样重要。

与此剑同时出土的还有三把青铜宝剑，当时它们都被放在棺外的椁（guǒ）室里，虽然所处环境的密封程度不如越王勾践剑，但它们的锈蚀程度也比较轻微。

专家们经过研究得出结论：春秋时期铸剑的材质比较特别，不完全是古代常用的铜锡合金。越王勾践剑的含铜量为 80%～83%，含锡量为 16%～17%，还含有少量的铅和铁等其他成分，而铜是不活泼金属，即使在常温下也不容易生锈。

也有人认为，越王勾践剑出土于湖北江陵的楚国贵族墓的内棺中，椁室四周填塞了一层细密的"白膏泥"，而且墓坑填土后又经过夯实，墓室形成了一个密闭的空间，与外界没有空气交换；再加上墓室中

氧气稀薄，故有利于金属物品的保存。这也是越王勾践剑不锈的原因之一！

越王勾践剑怎么会在楚墓中

细心的小朋友一定会有疑问，这把越王勾践剑，怎么会在楚国贵族的墓里呢？当年的越国和楚国之间，可是有很长的距离哦，这把剑难道是自己从地下钻过去的？

当然不是！这把剑上写着"越王鸠浅，自作用剑"，表明这是一把越王勾践从不离身的宝剑，如

果它在别国君王或将军的墓中被发现，那么其间一定有什么故事才对。

目前，人们推测越王勾践剑出现在楚墓中，很可能有两种原因。

一是作为战利品。春秋时期，战争频繁发生。可能是楚军打败了勾践，把剑作为战利品带回军营。后来，楚王把此剑赏赐给了战争中有突出表现的楚国贵族。那位贵族一定觉得很荣耀，死后也要把宝剑放在自己的墓室中。

二是当作陪嫁品。楚昭王娶了勾践的女儿，这把宝剑可能作为勾践女儿的嫁妆被送到了楚国。此后楚王又把这把宝剑赐给了楚国的贵族，所以，这把剑才会最终被埋入楚国贵族的墓中。

但无论越王勾践剑在哪里出土，这把剑上的字都告诉我们，它原来的主人就是越王勾践。至于这把宝剑究竟在什么情况下到了楚国，依然是一个有待破解的历史谜团！

什么是活泼金属

铁、铜、铝、金、银等都属于金属，可是这些金属的"性格"并不一样哟。化学家根据金属活泼程度的不同，把它们分成了活泼金属和不活泼金属。

金属放在空气中，会和空气中的氧气发生氧化反应，生成别的物质。有些反应很快，比如一块铁放在空气里，不久就会生锈，铁锈就是另一种物质——氧化铁。像铁这种特别喜欢和氧发生反应的金属，就是活泼金属。而金、银、铜等虽然也会和空气中的氧气发生氧化反应，但反应很慢，是不活泼金属。

两千年前的环保宫灯

小朋友，爱迪生发明电灯只是近代的事，在此之前，世界各地夜间照明都使用油灯或蜡烛。然而，油灯和蜡烛除了照明亮度、方便程度不如电灯外，在清洁环保方面也比电灯差远啦。

聪明的古代中国人可厉害啦，早在两千年前就发明了清洁环保的油灯，而且这盏灯因造型美观、结构科学，被誉为"中华第一灯"。现在，我们一起去看看这盏灯吧！

长信宫的青铜灯具

小朋友,还记得金缕玉衣出土的地点吗?对,是中山靖王刘胜墓。刘胜墓出土的金缕玉衣令世人惊叹,而刘胜妻子窦绾墓中出土的一盏青铜宫灯,同样引起了巨大轰动,之后还被评为国家一级文物!由于这盏灯上刻有"长信"字样,所以人们把它叫作"长信宫灯"。

不像灯的长信宫灯

长信宫灯的设计很特别:它是一件镏(liú)金青铜器,外形是一位恬静优雅的宫女。她面容端庄清丽,梳着发髻,身着广袖长袍,小心翼翼地跪坐在地上。她左手托着一盏灯,右手轻轻举起,似乎在用衣袖挡风,头部略微向前倾探,目光专注,好像是举了很久的样子,有些慵懒。

你们一定会奇怪,这怎么看都像是一尊雕像呀,怎么会是一盏灯呢?让我们仔细观察一下吧:它通高48厘米，由头部、身躯、右臂、灯座、灯盘、灯罩六部分构成，各个部分均可以拆卸，这显然是一盏方便清洗的青铜灯具。

为什么说它环保呢

此灯奇特之处在于它的环保设计。宫女高举的右臂与左手所持灯的顶部相通，形成了一个"排烟管道"。宫女的身躯是中空的，里面可以盛水。点灯之前，先在宫女的身躯中装上水，然后把点燃的蜡烛放入灯中。蜡烛产生的烟尘通过宫女的右臂进入体内，继而溶解在水中。这样，屋子里一点儿油烟也不会

留下,连燃烧蜡烛的味道都闻不到。

更不可思议的是,长信宫灯还有调节灯光的功能。它的灯罩由两片瓦状的弧形板构成,可以左右开合,轻动弧形板即可调节光照的强弱和方向。

长信宫灯的主人是谁

宫灯上既然有"长信"字样,表明此灯应是皇太后所用之物。因为汉代只有皇太后才有资格住在长信宫中,而且宫灯为坐相宫女,也说明这是一件汉宫之物。那么,它为什么会出现在窦绾的墓中?要知道她的丈夫刘胜只是一个诸侯王。

我们先从灯上的铭文来分析：上面刻有"阳信家"的字样，应该是指长信宫灯的第一位主人阳信夷侯刘揭。在汉文帝时，刘揭被封为诸侯，不过，到汉景帝时这一爵位又被废黜，这盏长信宫灯也被收为国有。估计是皇太后窦漪房见此宫灯设计奇特，便将其取用，所以灯上刻有"长信"字样，这也是"长信宫灯"得名的出处。

窦漪房是汉文帝的皇后，也就是刘胜的奶奶。有人分析认为：窦漪房与刘胜妻子窦绾是亲戚，因而长信宫灯有可能是窦漪房在窦绾出嫁时相赠的礼物，或是后来送给窦绾的。窦绾自然会当作圣物珍视，因此这盏长信宫灯才会作为陪葬品出现在窦绾的墓室之中。

不过也有人说，从汉墓中"阳信家"青铜器的出土记录来看，长信宫灯也有可能是汉武帝的姐姐平阳长公主的物品，后来辗转到窦绾手中。因为平阳公主又称阳信公主，嫁给平阳侯曹寿之后才被称为平阳公主。

至于这盏宫灯到底是谁的，至今无人能解释清楚，就像刘胜为什么有资格穿金缕玉衣一样，只有历史才知道！

猜猜看

窦漪房是怎样一个人

窦漪房是西汉著名的窦太后，是西汉最后一位推崇"黄老思想"的统治者。她性格并不专横，做事冷静、果断，上承汉高祖伟业，下启汉武帝雄风。可以说，如果没有窦太后，就没有西汉王朝的稳定发展。

明代皇后的凤冠

小朋友，你们知道吗？古装剧里人物的穿戴可藏着大学问呢！今天咱们要认识一款超精美的古代头饰——凤冠。它造型别致，装饰华丽。那凤冠到底什么样？只有皇后能戴吗？咱们接着往下看。

凤冠是皇后的帽子吗

提到凤冠，有些小朋友可能会想：皇帝用龙象征权威，皇后用凤代表尊贵，那凤冠肯定是皇后专属的帽子吧？这个猜想虽然有趣，但只对了一半！实际上，凤冠最早确实是皇后在重大典礼时佩戴的专属礼冠。后来随着时间推移，一些贵族妇女在参加重要活动时也可佩戴制式稍简的凤冠，而普通女子婚嫁时佩戴的"凤冠"，其实是用彩绸、珠花等仿制的"平替版"。

当然，最华贵的凤冠还是皇后的，因为在古代，皇后是所有女子中地位最高的一位，有"母仪

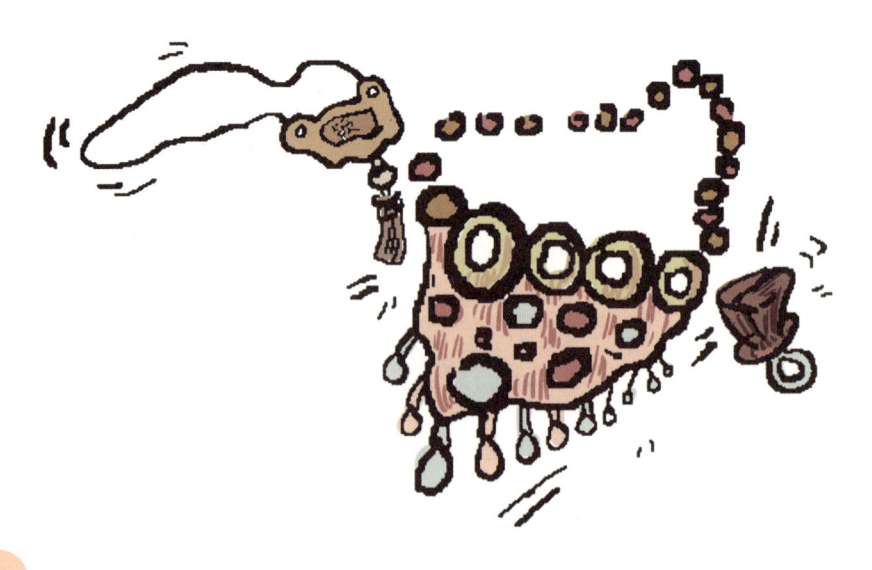

天下"的高贵身份。在北京昌平的明定陵出土了万历皇帝两位皇后的四顶凤冠，它们分别属于孝端皇后和孝靖皇后。虽然凤冠上面的装饰不同，但是每一顶都璀璨夺目、雍容华贵。

凤冠上面有什么特殊的装饰

大家猜一猜，皇后的凤冠上有什么特殊的装饰？首先想到的一定是凤凰吧！谁让它叫凤冠呢！但其实，凤冠上不仅仅有凤凰，还有龙。

明定陵出土的四顶凤冠分别是：十二龙九凤冠、九龙九凤冠、六龙三凤冠、三龙二凤冠。龙和凤的数量不同，代表凤冠主人的地位不同。

这些凤冠的最上方装饰着若干条金龙。正中间的一条金龙昂首挺胸、口衔珠滴，其两边分别对称装饰数条形态各异的金龙，龙身均以花丝工艺制成，鳞片细如粟米，与正中金龙形成主次呼应的立体布局。当然，只有龙的威严不足以诠释凤冠的华美，还需要用凤的灵秀与之呼应。凤冠上的凤凰均以点翠工艺制成，翠羽色泽艳丽，姿态优美华贵，搭配珠宝串饰，动态十足。

不过凤冠上的每一只凤凰都在龙的下面，因为皇帝是真龙天子，象征皇帝的龙必须处于最高的位置。凤冠的下半部分缀着大大小小的珠花，是用各色各样的珍珠宝石串成的，周围还有很多翠云和翠叶填补空白。在凤冠后面，左右各有三扇弯月一样张开的小翅膀，上面装饰着金龙、翠云和珠花，周围缀着许多像小帘子似的珠串。这么多的装饰真是让人眼花缭乱！

凤冠一般是用金丝和竹丝编织而成，再在上面装配各种装饰。明代贵族女子常用凤冠来显示自己的地位和财富，所以，凤冠上常常会装饰许多珍珠和宝石。

古代新娘为什么要戴凤冠

凤冠原本是皇室女性的专属礼冠，但为什么民间女子结婚时也流行戴"凤冠"呢？下面这个传说也许能解释这个问题呢！

北宋末年，金兵南侵，要把宋朝皇室子孙赶尽杀绝，宋徽宗的儿子康王赵构仓皇而逃，直奔江南。路过浙江的金村时，见路边有座破庙，庙前晒场的谷箩上坐着一位姑娘。姑娘见康王逃来，急中生智，让他藏到谷箩里，自己又若无其事地坐在谷箩上面。当金兵追到时，姑娘告诉金兵，有一个人向南边逃去了。金兵信以为真，向南猛追而去。

就这样，康王躲过了这场杀身之祸。他对姑娘千恩万谢，又因喜爱她的美丽机智，便从身上取出一方红帕赠给她，并说："明年的今日我会来娶你，你只要挥动红帕我就能认出你！"

第二年，康王赵构登基，成为南宋皇帝。赵构兑现自己的承诺，来迎娶姑娘。不料姑娘留恋民间自由自在的生活，舍不得抛下父老乡亲，不愿进宫。但她又怕皇命难违，于是便准备了许多红帕，让姐妹们都挥动红帕，使赵构无法辨认。赵构理解姑娘的心意，只好就此作罢。赵构为谢姑娘救命之恩，便下了一道圣旨："凡是浙江的女子，全部封王！"这可难坏了随行的官员，官员说："这么多女子，怎能都封王呢？"赵构想了想说："那就这么办，以后姑娘出嫁，都让她们享受皇室贵族待遇，穿戴凤冠霞帔！"

从此，凤冠成了浙江女子结婚时的必备品。出嫁时，她们不仅会佩戴凤冠，身着大红袍和大红裙，还会将一块红方帕遮在脸上。

什么是点翠

小朋友，前面提到凤冠上的凤凰羽毛是采用点翠工艺制作而成的。同样，凤冠上的其他装饰，如翠云、翠叶，也是用点翠工艺精心打造的。那这点翠究竟是怎样一种工艺呢？

点翠是古代工匠制作首饰的一种手工工艺。工匠先把翠鸟蓝色的羽毛细细平铺，然后再均匀地粘贴在金银器上面。粘贴的过程中要求翠鸟的羽毛要平整均匀，不能露出底下金银器的颜色，要求十分严格。

目前，点翠工艺并未完全消失，但传统意义上使用野生翠鸟的行为已被法律禁止。这一变化背后，是野生动物保护与文化传承的双重考量。

为纪念母亲而铸造的青铜鼎

商代有一位君主,因思念已故的母亲,下令铸造了一件珍贵的青铜方鼎,这就是世界上出土的最重的青铜器之一——司母戊鼎。围绕它发生过许多故事,也产生了一些至今未解的谜团。现在让我们一起去探索那些有趣的故事和隐藏的秘密吧。

青铜方鼎的曲折经历

1939年3月，河南安阳侯家庄武官村的农田中，村民发现了一件大青铜方鼎，因鼎身巨大可作马槽使用，当时俗称"马槽鼎"。由于鼎太重太大，移动困难，人们便将其悄悄埋了起来。

然而，发现大鼎的消息最终还是泄露出去了。据说有北平古董商秘密造访，愿出20万银圆购买，但要求村民肢解大鼎，以便分批装箱运走。村民尝试肢解方鼎，却因方鼎硬度太高未能锯动，又觉得破坏方鼎太可惜，还担心不完整的方鼎难以出手，于是停止肢解，再次将方鼎埋入地下。

后来，日伪宪兵队闻讯，多次前来搜寻。村民为防止宝物被日本人抢去，便将方鼎转移到较远的地方埋藏起来，又在原址上，埋了其他文物。日本宪兵找到这一地点，将这批文物抢劫而去，方鼎才得以保存下来。

1946年，方鼎重新掘出，但已丢一耳。方鼎出土后被存放于安阳县政府。同年，当地官员用专车将方鼎运抵南京。1949年，中国人民解放军解放南京，司母戊鼎未及运往台湾，留在了"中央博物院"筹备处。

1959年，方鼎被转交中国历史博物馆（今中国国家博物馆）保存。方鼎失去的那一只鼎耳一直没有找到，专家们仿照鼎上另一只鼎耳补铸上去，算是完整了。

鼎的名称

这件青铜方鼎通高133厘米，口长110厘米，口宽79.2厘米，总重832.84千克。鼎的腹部为长方形，下承四个柱形足，鼎身上的纹饰非常有气势，四面接合的部分是扉棱，扉棱上刻着牛首纹和饕餮（tāo tiè）纹。鼎的直耳外沿雕刻着口含人头的猛虎。

此方鼎是商王为纪念其母（戊）而制的器物，因其腹内壁上有三字铭文而得名。有学者认为铭文是"司母戊"三字，也有学者认为是"后母戊"。

方鼎铭文中的"戊"，到底是谁

由于商代的文字记录留存很少，从现在掌握的资料来看，"戊"的真实身份很难确定。对此，历来有如下几种说法。

第一种说法，认为"母戊"为墓主人的庙号。

铭文中的"司"是"祀"，即祭祀之意。有人认为这三个字的铭文表示该鼎为祭祀"母戊"而作，母戊是商王文丁之母的称号，该鼎即为商王文丁所铸，用来祭祀其母。

也有人从甲骨文找线索，发现配偶名"戊"的商王共有四位，分别是大丁、武丁、祖甲、武乙。其中商王大丁的时代，不在殷墟所对应的12位商王时期之内，而商王武乙的时代属于殷墟三期，"司母戊鼎"与此期青铜器形特征不符，那么剩下的可能只有武丁和祖甲。

第二种说法，将"司"字改释为"后"字。

铭文中的"后"，表示墓主人的身份，即她生前乃商王之"后"。此说认为"母戊"并非商王文丁之母，而应指商王祖庚或祖甲之母。"后母戊鼎"应该是商王武丁的儿子祖庚或祖甲为了纪念母亲"戊"而铸造的。

饕餮纹是什么

饕餮是青铜器上最常见的纹饰之一，尤其在鼎上最为常见。传说饕餮是龙的九子之一，是一种神秘的怪兽。这种怪兽没有身体，只有一个大头和一张大嘴，十分贪吃。古人认为吃得多是健康的表现，饰有饕餮纹有祝福主人多食之意。

饕餮纹最早出现在五千年前长江下游地区的良渚文化玉器上。商周两代的饕餮纹类型很多，有的像龙、像虎、像牛、像羊、像鹿；还有的像鸟、像凤、像人。饕餮纹这种名称并不是古时就有的，而是金石学兴起时由宋人命名的。西周时代，饕餮的神秘色彩逐渐减退。

守卫女将军的两只老虎

小朋友，你们一定听过花木兰替父从军的故事，但你知道中国历史上第一位女将军是谁吗？

1976年，安阳殷墟发现一座大墓，出土了许多有价值的文物，这座大墓的主人是商王武丁的一位王后，名叫妇好。妇好是中国历史上第一位可考据的女将军，她的身边还有两只老虎守护着呢！

历史上的第一位女将军

在河南安阳的小屯村，考古队员发现了一座保存完整的商代墓葬，从墓中器物上面的铭文来看，这是商王武丁的王后妇好的陵墓。

商王朝时，中国大地上分布着很多小国，彼此间战事频发。据传，在商王朝与北方边境的某个小国打仗时，王后妇好主动请战。武丁照例占卜预测战争的吉凶，结果是大吉，于是他最终答应了妇好的请求，派她出征！

有勇有谋的王后

妇好作为统帅出征，指挥有方，没过多久便取得胜利。商王武丁特别高兴，继续任命她为商军统帅。之后，妇好率领军队东征西讨，征服了周围许多小国。妇好不仅带兵打仗，还担任国家祭司，掌管占卜、祭祀之事。商王武丁十分宠爱妇好，在她去世后，追谥她为"辛"。

迄今发现的最完整的商代王室墓葬

妇好墓是为数不多的留有器物铭文且能与甲骨文相互印证的商代墓葬，也是出土商代青铜器、玉器等文物较为集中的墓穴。

妇好墓中共有16人殉葬，陪葬品有玉器755件，铜器468件，骨器564件，此外还有作为货币的海贝6000多枚。这么多的陪葬品，大家可以看出商王武丁是多么喜欢妇好了吧。从这些出土的陪葬品中，我们可以了解商代社会生活、政治、军事等方面的信息。在陪葬品中，有一对玉虎，尤为引人注目。

陪伴妇好的两只玉虎

这对玉虎生动威武，陪在妇好身边，其雕工精致，线条清晰，形态生动。虎头和眼都呈方形，张着大嘴露出尖锐的牙齿，尾巴粗而下垂，尾端微微上扬。其中一件玉虎作奋力奔跑状，身上雕着云纹，尾巴上还装饰着一节一节的几何纹，云纹与几何纹相互映衬，让静止的玉石有了动态生命力。这对圆雕玉虎的身上没有钻孔，或许它们并不是佩戴在身上的装饰品，而是用来观赏的艺术品吧！

什么是殉葬

商周时期的墓中如果除了墓主还有其他人，这些人就是墓主的殉葬者。殉葬，即陪葬。古代王公贵族觉得人死后只是去另一个世界，所以要把生前该带的都带上，不仅要带上生活用品，还会带上牲畜等。有的贵族去世后，不但有仆人陪葬，甚至连妻妾也要陪葬。

国宝铜盘竟被当作喂马槽

每一件文物的背后都有一段动人的故事。其中,有这样一件国宝级的青铜器,竟曾被人当作喂马槽。这件珍贵的青铜器,就是著名的虢季子白盘,如今以其独特的历史价值而闻名于世。

虢季子白盘是什么盘

　　虢季子白盘，可不是一件白色盘子哦！它是一件青铜盘，其盘内底部刻有"虢季子白作宝盘"等铭文，显示它的主人是西周时期虢国一位名叫"季子白"的贵族，故后人称此盘为"虢季子白盘"。

　　西周时期的青铜盘与现代人所说的"盘"完全不同。它像是一个水槽，是盛水用的。当时的天子、诸侯和其他贵族举行重大会议或重要祭祀仪式时，要用青铜匜（yí）浇水洗手，下边用青铜盘接水。看来青铜盘和青铜匜，是配合使用的青铜礼器。

虢季子白盘是西周宣王时期的青铜器，至今有近3000年的历史，长137.2厘米，宽86.5厘米，高39.5厘米。这件青铜盘真的很大，都可用作小孩的浴缸了吧！的确，它还真的和浴缸一样，长方形，四个角是圆角，口部略大而底部略小。四面壁上各有两只衔环的兽首，底部有四只矩形的足，口沿装饰有华美的纹路，风格气派雍容。

虢季子白盘上的铭文

虢季子白盘最珍贵之处，在于青铜盘内侧底上所铸的111字铭文。铭文记录了铸此青铜盘的缘由，大意是：虢国贵族季子白，奉周王之命出征，立下战功。周王为他设宴庆功，并赐给他弓箭和骏马。季子白觉得很荣耀，于是铸此青铜盘，并刻铭文以作纪念。

这段铭文几乎全篇用韵，语言洗练，句式工整，富有韵律，不仅是研究西周政治和军事的重要史料，也是一首早期的长诗。

虢季子白盘上的铭文，书写圆转流畅，是不可多得的书法精品。虽然以铭文字数而论，逊于散氏盘和毛公鼎，但若论铸工之精和体积之大，虢季子白盘当为最。

为什么会沦为马槽

既然虢季子白盘是一件宝贝，为什么又会沦为马槽呢？

相传，虢季子白盘于清代道光年间在陕西宝鸡虢川司出土，这里正是西周时虢国所在地。当地农

民挖出来后并没有特别看好它，见其很大，便用来盛水饮马。后眉县县令徐燮（xiè）钧无意中发现此盘，喜其上花纹，便花几吊铜钱买下，离任时带它一起回到常州老家。

后来，太平天国占领常州，虢季子白盘被太平天国的护王陈坤书抢走。真不知道他为什么要抢，如果当成古董抢来的就应该重视起来呀，但陈坤书也将虢季子白盘用作了马槽！

1864年，担任直隶提督的淮军将领刘铭传，率军战胜太平军，占领常州，住在原护王陈坤书的宅内。当天晚上，刘铭传突然听到一阵金属撞击声，他以为太平天国军前来偷袭，马上命人查看，结果发现声音是从马厩中传出的。他想，为什么马笼头上的铁环撞马槽会发出这样的声音呢？天亮后，他命人把马槽刷洗干净，这才发现马槽竟是一件青铜器。他仔细查看了上面的铭文，推测这应该是一件宝物，于是便让士兵悄悄地把它运回了自己老家。

几代人珍藏的宝物

后来，刘铭传回到家乡，经过考证，终于知道这件曾被当马槽使用的青铜器，乃是一件西周时期的青铜盘。青铜盘上的铭文清晰地留下了它的铸造渊源。

刘铭传特意建造了一座"盘亭"来存放此盘，还写了一篇《盘亭小录》，记录发现虢季子白盘的经过。去世前，他再三嘱咐子孙一定要保护好这件宝物。

刘铭传的后人谨记嘱托，此后在军阀和日寇不断扰乱的年代里，刘家后人一直守护着这件宝物。他们把宝物埋在地下，并在上面种上了一棵小槐树。中华人民共和国成立后，刘家第四代传人才把珍藏多年的虢季子白盘献给了国家。虢季子白盘在刘家86年，历尽人间沧桑，现收藏在中国国家博物馆内。

青铜器有哪些分类

　　古代青铜器的分类方式多样，可以从用途、形制和功能等多个角度进行划分。

　　青铜器的形制多样，常见的器型有以下几种。

　　食器：鼎（煮食）、鬲（lì，煮粥）、甗（yǎn，蒸食）等。

　　酒器：尊（盛酒）、爵（温酒）、觚（gū，饮酒）、壶（盛酒）等。

　　水器：盘（接水）、匜（浇水）等。

　　乐器：钟、铙、钲等。

　　杂器：镜、灯、炉等。

　　这些青铜器不仅是古代工艺的杰作，也是研究古代社会、文化和历史的重要实物资料。通过对青铜器的分类，我们可以更好地理解古人的生活、信仰和艺术成就。

六匹骏马的石刻

唐太宗李世民是中国历史上一位很有作为的皇帝，死后埋葬在陕西省礼泉县的九嵕（zōng）山上，他的陵墓名为昭陵。墓前祭坛两侧有著名的"昭陵六骏"石刻。小朋友，你们知道"昭陵六骏"石刻是怎么回事吗？

唐太宗的陵墓——昭陵

唐太宗李世民,是大唐王朝第二代皇帝,开创了著名的贞观盛世。

唐太宗死后,葬于"昭陵"。昭陵是"唐十八陵"中规模最大的一座,陵园周长60千米,占地面积200平方千米,共有陪葬墓近200座,被誉为"天下名陵"。而昭陵最受世人瞩目的当属石刻"昭陵六骏"。

唐太宗珍爱的六匹马

昭陵有一座规模很大的祭坛,祭坛

两侧的石刻就是"昭陵六骏"。

这六匹宝马分别是"特勤骠""青骓（zhuī）""什伐赤""飒露紫""拳毛䯄（guā）""白蹄乌"。它们曾是秦王李世民的坐骑，在李世民平定天下的征战中与他并肩作战。这六匹马战功赫赫，每一匹都有一段惊心动魄的故事。

乘危济难的"特勤骠"是李世民在平定宋金刚时的坐骑。当时宋金刚占据浍州，李世民骑着这匹马冲入敌阵，一昼夜连打了八场硬仗，立下了赫赫战功。李世民赞美它："应策腾空，承声半汉；天险摧敌，乘危济难。"

奔跑神速的"青骓"是李世民在平定窦建德时的坐骑。石刻中，它作奔驰状，身上中了五箭，一箭在冲锋时迎面射中，其余四箭都射在马身后面，且均为从前向后射入，由此可见"青骓"飞奔速度之快。李世民赞美它："足轻电影，神发天机；策兹飞练，定我戎衣。"

出生入死的"什伐赤"是李世民在洛阳、虎牢关与王世充、窦建德作战时的坐骑,陪着李世民出生入死。石刻中,马腾空飞起,身中五箭,但仍快步如飞。李世民赞美它:"瀍(chán)涧未静,斧钺申威;朱汗骋足,青旌凯归。"

威凌八阵的"飒露紫"是李世民平定洛阳、击败王世充时的坐骑。石刻上除马前胸中了一箭外,还有一个人在给马拔箭,这个人就是丘行恭。当时李世民骑着"飒露紫"与王世充作战,没想到"飒露紫"前胸中了一箭。幸亏丘行恭及时赶到,把自己的马让给李世民,然后从容拔下"飒露紫"身上的箭。李世民赞美它:"紫燕超跃,骨腾神骏;气詟(zhé)三川,威凌八阵。"

连中九箭的"拳毛䯄"是李世民平定刘黑闼时的坐骑。石刻中,它连中了九箭,可以看出当时战争有多么激烈!李世民赞美它:"月精按辔,天驷横行；孤矢载戢（jí），氛埃廓清。"

回鞍定蜀的"白蹄乌"是李世民平定薛仁杲（gǎo）时的坐骑。当时两军对峙两个月，李世民看准战机，以少量兵力在正面牵制诱敌，亲率主力直捣敌后，使薛仁杲军阵大乱。李世民趁机追击，催动"白蹄乌"身先士卒，衔尾猛追，昼夜奔驰，最终迫使薛仁杲投降。石刻中的马作昂头怒目飞驰状，就像当年追敌时一样！李世民赞美它："倚天长剑，追风骏足；耸辔平陇，回鞍定蜀。"

为什么要雕刻六战马像

李世民登基后，于贞观十年下诏，开始为自己修建陵园，并命人将六匹战马的英姿雕刻于石屏之上，镶嵌在昭陵北阙。同时亲题赞辞，记载马的名字、毛色、乘用时间和气格禀赋等，以示对六马的表彰和怀念。

对于此举的意图，后世解读不一。有人说，李世民意在通过雕刻这六匹马来彰显自己为大唐王朝开疆拓土、巩固基业所立下的显赫战功，以此铭刻自身功勋。

还有人说，这是李世民在告诫后世子孙：江山来之不易，一定要铭记前辈的艰辛。

其实，哪种说法正确并不重要，重要的是，昭陵六骏让我们了解更多的历史，感受到贞观盛世的开创者李世民的精神世界。

"昭陵六骏"石刻的遭遇

1914年，我国古董商卢芹斋将"昭陵六骏"石刻中的"飒露紫"和"拳毛䯄"盗运至海外。为方便运输，文物被非法切割成数块，最终以12.5万美元卖给了美国宾夕法尼亚大学博物馆。

1918年，"昭陵六骏"剩下的四幅石刻被盗卖。成交后，它们被砸成数块，以便装箱外运，幸而被当地群众发现并制止。目前，这四幅藏于陕西西安碑林博物馆。

"昭陵六骏"中马的名字有什么含义

皇帝的战马,起名可不能像家里的小宠物一样随便,如马名中的"骠",说明马的毛色是黄里透白的。"特勤"是突厥官名,说明这匹马来自突厥,也许是突厥送给李世民的礼物哦!"青骓"的"青",是说马毛为苍青色,"骓"是对上等好马的称呼。对于小朋友来说,理解起来也不难,"青骓"就是一匹青色的良马呀!那么,你能猜出"白蹄乌"是什么样子的吗?

这五头牛
可不简单啊

　　小朋友，你们喜欢画画吗？画蓝天白云和火红的太阳，画草地上跑的小兔子，画与爸爸妈妈一起去游乐园……想想看那是多美好的画面呀！我国有一幅名画，叫作《五牛图》，这幅画在国外流浪了半个世纪后，终于回到了祖国的怀抱。那么这幅画为什么会离开中国？它又经历了怎样的旅程呢？让我们去一探究竟吧！

五头牛的名画

一听"五牛图"这个名字,我们就知道这是一幅画着五头牛的画作。

此画之所以引起人们的重视,主要有两个原因:一是这幅画是中国现存最早的纸本绘画真迹,二是这幅画的作者是唐代画家韩滉(huàng)。韩滉曾出任镇海节度使等官职,到唐德宗时官至宰相,封晋国公。

在《五牛图》中,五头牛从右至左依次排开,

姿态各异：第一头牛正低头慢慢吃草，并用背部蹭着旁边的荆棵；第二头牛微微抬头，缓步前行，透着一股沉稳的气质；第三头牛嘴巴张开，好像在呼唤离去的伙伴；第四头牛回头舔舐舌头，一副旁若无人的样子；第五头牛驻足凝视，眼中饱含情感。

《五牛图》的构图很特别，五头牛绘于同一平面上，几乎没有衬景。中间画一头青牛，牛作正面状，表情自然，安静祥和。其他四头牛都是侧身状，对称分布在青牛的两侧。这五头牛虽然看似各自独立，但放在一起，更觉和谐统一，显出画家的独特视角。

韩滉用简洁的线条勾勒出牛的轮廓、骨骼、筋肉及牛身上的毫毛，再用粗放的笔法画出牛全身的颜色。

若仔细地端详，便会发现韩滉画得特别写实，不仅牛头部的一根根细毛都相当精致，颜色的渐变也运用得十分完美。五头牛仿佛并不是在一张二维的画面上，而是即将从画中跃然而出一样！

《五牛图》与收藏名家

按明代人的著录,《五牛图》在北宋时曾收入内府,宋徽宗还曾题词,但这些痕迹都不复存在了,只有"睿思东阁""绍兴"这些南宋宫廷的印鉴表明它曾历经南渡的身世。

元代,大书画家赵孟頫(fǔ)得到了这幅名画,如获至宝,留下了"神气磊落、希世名笔"的赞誉。

明清时期,《五牛图》又陆续到了大收藏家项元汴与诗人宋荦(luò)等人的手中。

后来,清代乾隆皇帝广罗天下珍宝,《五牛图》被征召入宫,乾隆皇帝非常喜爱,多次在卷后题跋。清代末年,该画被转到中南海瀛台保存。1900年,八国联军洗劫紫禁城,《五牛图》被掠夺至国外,从此杳无音讯。

20世纪50年代初,周恩来总理收到一位香港爱国人士的来信,称当年被八国联军抢走的《五

牛图》近日会在香港出现并被拍卖。他很想买下此画，献给祖国，但因此画的价格可能高达10万港元，个人财力无法购买，希望政府能够出资收回国宝。

周总理见信后，立即给文化部下达三条批示：一、派专家赴港对国宝进行鉴定，确定为真迹后负责收购；二、派可靠人员专门护送，以确保文物安全；三、文物返回后，交给收藏条件好的单位妥善保管。

文化部接到总理批示后，立即组织专家赶赴香港，经鉴定《五牛图》确系真迹，后又经过多次交涉，最终以 6 万港元买下此画。《五牛图》修复后珍藏于故宫博物院。

韩滉为什么要画《五牛图》

民间相传，韩滉与朋友聊画画，朋友认为画驴、牛、马都很难画得真实，原因是它们常见，人们太熟悉，谁看到画后都会与实物对比。韩滉认为朋友所说很有道理，因为人们太熟悉的东西，只要一点儿画得不对，就会被人轻易看出来。但同时韩滉也坚信，只要认真观察，也能画得很精彩。于是韩滉便到农村去看牛，收集素材，经过一个多月的反复打磨，终于绘出了这幅《五牛图》。

赵孟頫认为，韩滉画《五牛图》，意在效仿南朝陶弘景画牛寓志的故事。据载，梁武帝萧衍多次派人请陶弘景下山当官。陶弘景屡次拒绝，并画两头牛回复萧衍——一牛散放于水草间，悠然自得；另一牛虽颈系金络，却被人持杖驱赶。萧衍明白陶弘景不愿做官，也就不再勉强他了。

猜猜看

中国画有何特点

并非所有在中国创作的绘画都称为中国画。确切地说,中国画是我国独特的艺术形式,其创作主要使用毛笔、墨、宣纸、绢等传统工具材料。中国画按题材可分为人物、山水、花鸟三大门类;按技法可分为工笔、写意两大体系。近年来,随着中国文化的国际传播,中国画已走向世界舞台,越来越多外国艺术爱好者开始研习中国画技法。

奇怪的青铜树

我国四川有三座土堆，人们把它叫作"三星堆"，这里面埋藏着古蜀国的秘密。当考古学家揭开三星堆的神秘面纱时，整个世界都为之震惊啦！

三星堆出土了一棵神树，这棵神树藏着许多秘密，你们想知道吗？让们我们一起向三星堆出发吧！

发现古蜀国的宝库

在四川广汉城西约8千米处,矗立着三座起伏相连的黄土堆,被当地人称作"三星堆"。1929年,当地农民燕道诚在宅旁挖水沟时,意外发现了一坑精美的玉器,由此揭开了三星堆遗址考古的序幕。

后来,随着考古活动的推进,三星堆陆续出土了大量青铜器和玉器,还有象牙、贝壳、金器、陶器等。这些发现轰动了世界,被一些专家誉为"世界第九大奇迹"。

考古研究表明,这些物品应该是商周时期的古蜀国留下的。相传,古代四川有一个古蜀国,后来这个古国神秘地消失了。

古蜀国之谜

三星堆出土的大量器物，证实古蜀国的确存在过，对解开古蜀国之谜有很大帮助，但也带来了新的疑团。

三星堆出土的青铜人头像，大多是大眼睛、深眼眶、高鼻梁、大耳朵，与东方人，甚至与世界任何地方的人都不一样，倒像小朋友们在神话传说中听过的"千里眼""顺风耳"的模样。而且，这些青铜人像、动物像都没有刻铭文，根本不知道是何人所铸。

三星堆出土的青铜器铸造工艺如此高超，为什么古蜀国却突然消失了？这些有关古蜀国的谜团，希望有一天能够被解开。

奇特的青铜树

三星堆出土文物中有一件青铜树，虽然出土时已经残损了，但它奇特的造型和神秘的寓意还是吸引了很多人的关注。

这棵青铜树的树干高3.96米,因为顶部损坏了,所以我们不能确切地知道它原本有多高。不过根据专家的估计,这棵青铜树高度应该在5米左右,也就是说约有两层楼那么高。有人认为这是古蜀人制造的通天梯子。

青铜树的底座是圆形的,上面有三根斜撑着树干的青铜板,每个板上都装饰有云纹。树干被牢固支撑在底座上,树根露在外面。

青铜树的树干笔直,树身上伸出三层树枝,

每层都有三根枝条。枝条舒展柔和、自然下垂，每根枝条的中部又伸出短枝，上面有镂空花纹的圆圈和花蕾，花蕾上各有一只昂首翘尾的小鸟。最奇特的是，在树干一侧四个横向的短梁上，倒挂着一条栩栩如生的龙。虽然龙身现在已经不是很完整，但是我们依然能想象出它当年的英姿。龙头高傲地抬着，两只前爪落在底座上，身体像绳索一样，上面还有剑状羽翅。

神树有什么用

因为青铜树不完整，我们没有办法知道它真正的寓意。根据《山海经》中的记载，有人认为青铜树上的九只神鸟是"九日居下枝"的意思，而丢失的那一部分，应该还有一只鸟，代表"一日居上枝"，但这只是人们对青铜树的推测而已。

有专家推断这棵青铜树应该是祭祀用品。因为青铜树底座上的三个支撑架，就像三个跪倒人像。他们跪拜神树，像是在举行祭祀活动，展示了古蜀人对日、天、鸟、龙等的崇拜。

至于这棵神树真正的寓意是什么，它原来是什么样子，现在仍是一个谜。

猜猜看

什么是云纹

小朋友，你们知道什么是云纹吗？2008年中国第一次承办奥运会时，奥运会火炬上的花纹就是云纹哟！

云纹是一种像云彩一样的图案。云纹形态多样，有的高度抽象，有的以流畅线条表现云彩的动感，还有的则贴近自然，生动还原云彩的真实形态。云纹很久以前就被人们所喜爱，因为它象征着高贵和吉祥。

速度比飞鸟还快的铜奔马

　　小朋友都知道马跑得很快，但你们相信有速度比飞鸟还快的马吗？这可不是天方夜谭哦！你看看中国旅游标志，就是一匹奔马踩在一只展翅翱翔的飞鸟上！小朋友，这个标志不是现代人设计的，而是根据一件出土文物画出来的哦！

铜奔马横空出世

20世纪60年代末，甘肃武威发现的一个墓穴，引起了人们的关注。因为墓穴受到严重破坏，专家只能从一些陪葬品中判断此墓的相关情况。这是一座东汉末年墓，陪葬品中，有大批的铜车、铜马和一些首饰，其中以铜马的工艺最为精湛。墓中共出土铜马39匹，大多已残缺不全了。但即便残缺不全，也能看出铜马为立姿，挺胸昂首、张口啮衔，多与铜车配套。铜马的体形格外健壮，似乎体内充满活力，令人有健马如龙之感。

其中，有一匹特别的铜马，它作奔驰状，脖子上有数个直径1厘米的小孔，马头和马尾上的几绺鬃毛也掉了下来……不知道它经历了什么，才会变得这样伤痕累累。

恢复原貌的铜奔马

故宫博物院著名的青铜器修复专家赵振茂先生，收到铜奔马后认真查看，面对这样的奇特造型，他一边称赞古人的大胆设计和精美工艺，一边下定决心要把它修补完好。

他先把马头和马尾上掉下的鬃毛清洗干净，然后把接口锉出新茬来，再用焊锡连接焊实。马脖子上的小洞也用同样的方法做了修补，然后仔细磨平。有的纹饰修复时有些对不上了，就用刻刀和小錾子修饰通顺。

修补完成后，再用传统的做旧方法，做出地子和锈色。修复后的地子和锈色与原物上的完全一致，没有一点儿新的痕迹。

后来，赵振茂先生发现腾空的三个马蹄是空心的，而且马身有些站立不稳，凭着多年的修复经验，他明白了其中的关窍。他把土和一些章丹红用胶调和后，好像铸模一样将空马蹄填满，于是马就稳稳地立住了。经过赵振茂先生的精心修复，这件铜奔马再次展现在世人眼前，人人都向它投来赞叹的目光！

马蹄下的那只"鸟"是什么鸟

铜奔马还有一个流传更广的名称——"马踏飞燕"。

其实，以"马踏飞燕"来命名这件珍宝并不十分准确。因为马踏的并不是燕子，燕子的尾巴是分叉的，而这座青铜器上的鸟尾巴并没有分叉。有学者猜测这只飞鸟是龙雀；也有学者猜测是鹰隼；还有学者猜测是金乌，并认为铜马应为天马，体现了汉魏人死后亡灵升天成仙的美好愿望。关于马和鸟的身份、意象问题，学界一直在讨论，至今仍没有定论。探讨仍在继续，而铜奔马穿越千年的时光，无声地讲述着那段辉煌的岁月。

铜奔马为什么被称为古代相马术的"活体教材"

铜奔马的奔跑姿态并非普通马的"交叉步"（即前后腿交替行进），而是同一侧前后腿同时腾空的"对侧步"（又称"顺拐步"）。

对侧步通过马匹的左右摇摆减轻骑乘者的颠簸感，特别适合在丝绸之路的沙石地形上长途跋涉。甘肃省博物馆的研究表明，这种步伐是河西走马的典型特征，反映了汉代对马匹实用功能的重视。

汉代《相马经》中记载的良马标准包括"竹批双耳峻，风入四蹄轻"，而铜奔马的形态几乎完美契合这些标准。其头微左倾、鬃毛飞扬的造型，不仅展现了艺术美感，更被学者视为古代相马术的"活体教材"。

小测试

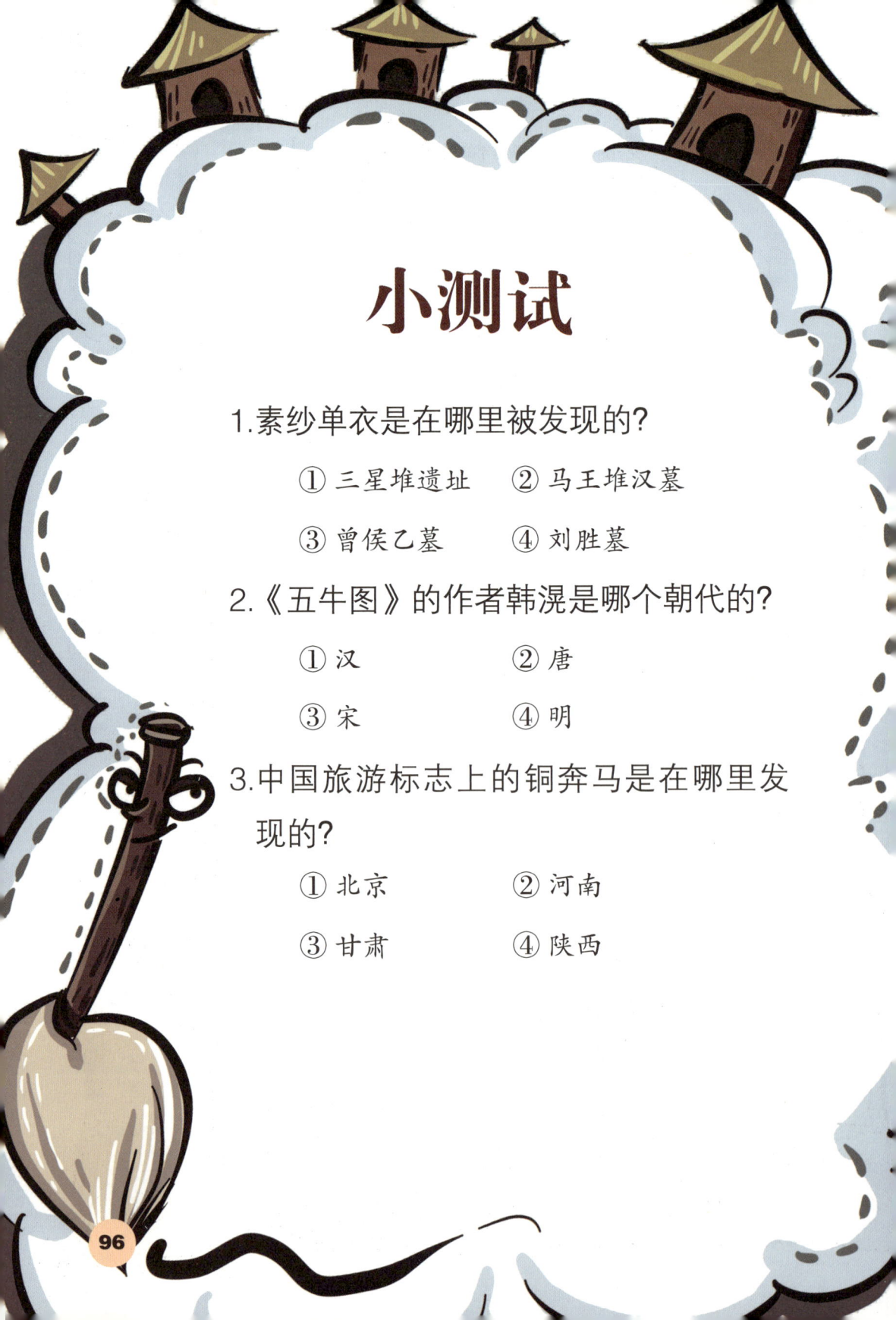

1. 素纱单衣是在哪里被发现的?

   ① 三星堆遗址　② 马王堆汉墓

   ③ 曾侯乙墓　　④ 刘胜墓

2. 《五牛图》的作者韩滉是哪个朝代的?

   ① 汉　　② 唐

   ③ 宋　　④ 明

3. 中国旅游标志上的铜奔马是在哪里发现的?

   ① 北京　② 河南

   ③ 甘肃　④ 陕西